Dennis Hinnenkamp

Entwicklung einer webbasierten Software zur Planung und Steuerung von Linkbuilding-Strategien zur Suchmaschinenoptimierung von Internetseiten

GRIN Verlag

Bibliografische Information der Deutschen Nationalbibliothek:

Die Deutsche Bibliothek verzeichnet diese Publikation in der Deutschen National-
bibliografie; detaillierte bibliografische Daten sind im Internet über http://dnb.d-
nb.de/ abrufbar.

Impressum:

Copyright © 2012 GRIN Verlag GmbH
Druck und Bindung: Books on Demand GmbH, Norderstedt Germany
ISBN: 978-3-656-49326-6

Dieses Buch bei GRIN:

http://www.grin.com/de/e-book/214864/entwicklung-einer-webbasierten-software-
zur-planung-und-steuerung-von-linkbuilding-strategien

GRIN - Your knowledge has value

Der GRIN Verlag publiziert seit 1998 wissenschaftliche Arbeiten von Studenten, Hochschullehrern und anderen Akademikern als eBook und gedrucktes Buch. Die Verlagswebsite www.grin.com ist die ideale Plattform zur Veröffentlichung von Hausarbeiten, Abschlussarbeiten, wissenschaftlichen Aufsätzen, Dissertationen und Fachbüchern.

Besuchen Sie uns im Internet:

http://www.grin.com/

http://www.facebook.com/grincom

http://www.twitter.com/grin_com

Hochschule Osnabrück
University of Applied Sciences

**Fakultät
Ingenieurwissenschaften und Informatik**

BACHELORARBEIT

über das Thema

**Entwicklung und Implementierung einer webbasierten Software
zur Planung und Steuerung von Linkbuilding-Strategien zur
Suchmaschinenoptimierung von Internetseiten**

vorgelegt durch

Dennis Hinnenkamp

I   Kurzfassung

Die vorliegende Bachelorarbeit befasst sich mit der Entwicklung einer webbasierten Software, mit der es dem Anwender möglich sein soll, Linkbuilding-Strategien zu planen und effektiv zu steuern. Dabei wird bei der Konzeption der Software besonders viel Wert auf den Aspekt der Suchmaschinenoptimierung gelegt, da diese in der heutigen Zeit vor allem für Unternehmen, welche ihre Produkte und Dienstleistungen über das Internet verkaufen, von großer Bedeutung ist.

Abstract

The available bachelor thesis is concerned with the development of a Web-based software with that the user has the possibility to plan Linkbuilding strategies and to finally steer also it effectively. With the conception of the software much importance is particularly attached to the aspect of the search machine optimization, since these sell in the today's time particularly for enterprises which your product over Internet from great importance and importance is.

Entwicklung und Implementierung einer webbasierten Software zur Planung und Steuerung von Linkbuilding-Strategien zur Suchmaschinenoptimierung von Internetseiten

Seite I

II Inhaltsverzeichnis

Entwicklung und Implementierung einer webbasierten Software zur Planung und Steuerung von Linkbuilding-Strategien zur Suchmaschinenoptimierung von Internetseiten

Seite II

Entwicklung und Implementierung einer webbasierten Software zur Planung und Steuerung von Linkbuilding-Strategien zur Suchmaschinenoptimierung von Internetseiten

Seite III

III Abbildungsverzeichnis

Entwicklung und Implementierung einer webbasierten Software zur Planung und Steuerung von Linkbuilding-Strategien zur Suchmaschinenoptimierung von Internetseiten

Seite IV

IV Tabellenverzeichnis

Entwicklung und Implementierung einer webbasierten Software zur Planung und Steuerung von Linkbuilding-Strategien zur Suchmaschinenoptimierung von Internetseiten

Seite V

1 Einleitung

In dem folgenden Abschnitt wird die konkrete Aufgabenstellung dieser Bachelorarbeit be-
schrieben. Es wird dabei die Motivation erläutert, die hinter der Aufgabenstellung steckt und
auf die konkreten Ziele der Arbeit eingegangen.

1.1 Einführung

Das Internet ist heute nicht mehr aus dem privaten und kommerziellen Umfeld wegzudenken.
Laut Pingdom [1], einem Unternehmen, welches sich mit Webanalyse beschäftigt, wurden
bereits im Jahr 2011 weltweit 2,9 Milliarden Internetnutzer festgestellt [2]. Dies verdeutlicht,
dass sich immer mehr Aktivitäten in das World Wide Web verlagern. Für den Internetnutzer
bietet das Internet dabei eine Vielzahl an Anwendungsmöglichkeiten. In einer Onlinestudie
der ARD und des ZDF wird jährlich das Verhalten der Internetnutzer analysiert. Darin zeigt
sich, dass das Internet von Online-Communities bis hin zum Online-Handel verwendet wird.
Den größten Anteil hat aber laut dieser Studie die Nutzung von Suchmaschinen, die fast von
83 Prozent der deutschen Gesamtbevölkerung genutzt werden [3].

Als im Jahr 1998 Larry Page und Sergey Brin das Unternehmen Google Inc. gründeten, wurde eine neue Ära in der Geschichte der Suchmaschinen eingeläutet. So hatte Google bereits
im Juni 2000 einen Suchindex mit einer Milliarde URL, was diese zur weltweit größten
Suchmaschine machte [4]. Nur vier Jahre später erreichte Googles Suchindex die 8 Milliarden
Marke [4]. Somit hat sich das Unternehmen den ersten Platz unter den Suchmaschinen gesi-
chert. Alleine in Deutschland besitzt diese einen Marktanteil von 96 Prozent [5].

Aufgrund dieser Markstellung ist Google ständig bestrebt, den Benutzern ihrer Suchmaschinen die optimalen Webseiten zu den eingegebenen Suchbegriffen zu liefern. Daher ist es nicht
verwunderlich, dass sie kontinuierlich an der Verbesserung ihrer Such- und Bewertungsalgorithmen arbeiten. Das alleinige Ziel dieser Algorithmen ist jedoch nicht, optimale Ergebnisse
zu erzielen, sondern auch vielmehr dafür zu sorgen, dass Webseiten, die SEO-Maßnahmen
verwenden, welche gegen die Google Richtlinien verstoßen, nicht in den hohen Positionen der
Suchergebnisse gelistet werden [6]. Dabei soll versucht werden einen optimalen Linkaufbau
im Sinne der Google Richtlinien zu planen und zu visualisieren. Weiterführend werden durch
Warnungen, Hinweise gegeben, falls man gegen diese Richtlinien verstoßen sollte.

Entwicklung und Implementierung einer webbasierten Software zur Planung und Steuerung von Linkbuilding-Strategien zur Suchmaschinenoptimierung von Internetseiten

Seite 1

1.2 Motivation

Durch meine zehnwöchige Praxisphase bei der FRANK+FREI Agentur für Marketing und Werbung GmbH bin ich zum ersten Mal mit der Thematik der Suchmaschinenoptimierung, kurz SEO, konfrontiert worden. In diesen Wochen ging es darum, wie man mehrere Weblogs aufbaut und vernetzt, um mit diesem Blognetzwerk die Internetseiten ausgesuchter Kundenprojekte in den Google-Suchergebnissen höher zu positionieren. Dabei machten sich aber relativ schnell einige Probleme bemerkbar. Zum Einen müssen die separat aufgebauten und voneinander unabhängigen Weblogs einzeln verwaltet und aktualisiert werden und zum Anderen sollte die Planung der Linknetzwerke strukturiert und verständlich erfolgen. Aus dieser Problematik entwickelte sich schließlich die Idee einer Software, mit deren Hilfe die Planung und Steuerung von Linkbuilding-Strategien erfolgreich umgesetzt werden kann. Eine weitere Motivation war, dass FRANK+FREI ebenfalls im Bereich der Planung und Realisierung von Online-Shop-Konzepten tätig ist und somit in der Lage wäre, Kundenprojekten gezielt eine bessere Positionierung zu ausgewählten Suchbegriffen in den Suchergebnissen zu verschaffen.

1.3 Aufgabenstellung

Die konkrete Aufgabenstellung meiner Bachelorarbeit ist es, eine webbasierte Software zur Planung und Steuerung von Linkbuilding-Strategien zur Suchmaschinenoptimierung von Internetseiten zu entwickeln und zu implementieren. Dabei sollen besonders aktuelle Erkenntnisse und Verfahren der Suchmaschinenoptimierung in die Software einfließen. Da die Anbieter großer Suchmaschinen, insbesondere die Firma Google, ständig ihre Suchalgorithmen optimieren, um Manipulationen an den Suchergebnislisten zu erkennen und zu verhindern, soll ein besonderer Fokus bei der Softwareentwicklung darauf gelegt werden, erkennbare Muster im Linkaufbau zu vermeiden.

1.4 Ziele der Arbeit

Das Ziel dieser Bachelorarbeit ist, dem Leser die Grundlagen der Suchmaschinenoptimierung zu erläutern und einen Einblick zu verschaffen, wie Suchmaschinen arbeiten und das Ranking von Internetseiten bewerten. Es wird vor allem auf die Suchmaschine Google eingegangen, da sie zum Zeitpunkt des Verfassens der Arbeit einen Marktanteil von fast 96 Prozent in

Entwicklung und Implementierung einer webbasierten Software zur Planung und Steuerung von Linkbuilding-Strategien zur Suchmaschinenoptimierung von Internetseiten

Seite 2

Deutschland besitzt [5]. Ein Weiteres Ziel dieser Arbeit ist die Konzeption und Realisierung einer Webapplikation, mit der es möglich sein soll, ein Linknetzwerk planen und verwalten zu können. Dies soll zum Einen dazu dienen, dass durch die Planung verdeutlicht wird, wie die Linkstrukturen der einzelnen Kundenprojekte sind und zum Anderen gewisse Warnungen ausgeben, falls das Netzwerk auf die Suchmaschinen unnatürlich wirkt und somit uneffektiv für die Suchmaschinenoptimierung, kurz SEO sein sollte.

1.5 Gliederung der Arbeit

Diese Arbeit besteht aus vier großen Teilen. Der erste Teil ist der theoretische Teil. Hierbei werden die Grundlagen der Suchmaschinenoptimierung, sowie wichtige Ranking-Kriterien und Risiken für eine erfolgreiche Platzierung in den Suchergebnissen, erklärt. Ebenfalls wird in dem ersten Teil die Anforderungsanalyse durchgeführt, in der auf das generelle Problem, die aktuelle Wettbewerbssituation und die konkrete Zielsetzung der Bachelorarbeit eingegangen wird.

Als zweiter Oberpunkt ist die Konzeption zu nennen. In diesem Kapitel geht es um den aktuellen Stand der Technik und welche Kriterien bei der Wahl der Technologie beachtet wurden. Des Weiteren wird hier die Funktionalplanung vorgenommen und Anwendungsszenarien werden generiert.

Nach der Planung der Funktionalität kommt es zu der konkreten Softwareplanung. Dieser Abschnitt handelt von der technischen Planung des Systems. Es werden die geplanten Klassen durch Diagramme dargestellt und mittels EER-Diagramm verdeutlicht, wie die Datenbank aufgebaut ist und die Tabellen in Beziehung zu einander stehen. Abschließend wird in diesem Abschnitt noch der Entwurf der GUI dargestellt.

Im letzten Kapitel der Bachelorarbeit geht es um die letztendliche Realisierung der geplanten Software. Es wird hierbei auf das allgemeine Vorgehen während der Implementierung, sowie die dabei entstandenen Probleme eingegangen. Das Kapitel wird von der Testphase abgeschlossen.

Entwicklung und Implementierung einer webbasierten Software zur Planung und Steuerung von Linkbuilding-Strategien zur Suchmaschinenoptimierung von Internetseiten

Seite 3

2 Grundlagen

Dieses Kapitel beschäftigt sich primär mit der Fragestellung, was SEO überhaupt ist und warum es in der heutigen Zeit von großer Wichtigkeit ist, sich auf konstruktive SEO zu konzentrieren. Weiterhin wird auf konkrete Ranking-Kriterien eingegangen, die von Suchmaschinen wie Google verwendet werden und inwiefern hierbei mögliche Risiken auftreten können.

2.1 Suchmaschinenoptimierung

Suchmaschinenoptimierung, kurz SEO, ist ein sehr wichtiger Teilbereich des Suchmaschinenmarketings. Als Suchmaschinenmarketing werden dabei alle Maßnahmen bezeichnet, die den Zweck haben, Webseiten zu bestimmten Suchbegriffen, kurz Keywords, hoch in den Suchergebnissen von Suchmaschinen zu platzieren. Dabei gibt es verschiedene Ansatzpunkte der Optimierung. Einerseits on-Page und andererseits off-Page Maßnahmen, welche im weiteren Verlauf dieses Kapitels näher erläutert werden. SEO ist in der heutigen Zeit unabdingbar, um als Unternehmen von Kunden im Internet gefunden zu werden und schließlich die eigenen Produkte und Dienstleistungen anbieten zu könne. Da die SEO ein breites Spektrum von möglichen Maßnahmen dazu abdeckt und die Suchmaschinenbetreiber bestrebt sind, ihre Bewertungsalgorithmen für die Suche ständig zu verbessern, ist die SEO keine einmalige Tätigkeit, sondern ein ständig fortlaufender Prozess. Daher können Maßnahmen, welche sich in der Vergangenheit bewährt haben, heute teilweise recht zwecklos sein, wodurch man im Prinzip, wie bereits erwähnt, ständig gezwungen wird, seine Webseite neu zu optimieren.

Im folgenden werden einige Faktoren, die das Ranking einer Webseite beeinflussen, exemplarisch erläutert:

2.1.1 on-Page-Optimierung

On-Page Optimierung bezeichnet sämtliche SEO-Methoden, die direkt das HTML-Dokument betreffen und nicht von außen aus zu manipulieren sind. Diese Maßnahmen können von den eigenen Seitenbetreibern selbstständig durchgeführt werden. Im folgenden Verlauf werden einige dieser Methoden erläutert.

Entwicklung und Implementierung einer webbasierten Software zur Planung und Steuerung von Linkbuilding-Strategien zur Suchmaschinenoptimierung von Internetseiten

Seite 4

2.1.1.1 Content

Bei dem sogenannten Content einer Seite handelt es sich um den eigentlichen Inhalt. Unter diesen Begriff fallen also alle dargestellten Objekte wie Texte, Bilder oder Audiodateien. Da der Inhalt einer Seite ausschlaggebend für die Bewertung der Themenrelevanz ist, sollte insbesondere auf einen aktuellen und individuellen Inhalt geachtet werden. Individuelle Texte sind daher essentiell, um für die Besucher der Webseite und die Webcrawler der Suchmaschinen interessant zu sein. Damit die Suchmaschinen die Webseite mit einem Suchwort in Verbindung bringen können, sind Keywords innerhalb der Texte zu platzieren. Man sollte stets auf eine natürliche Verteilung der Keywords achten und diese nicht zu häufig auf den einzelnen Unterseiten verwenden. Der Fokus sollte ebenfalls auf die Kombination vieler verschiedener Keywords gerichtet werden.

Neben dem Inhalt der Webseite ist noch der Titel ein wichtiger on-Page Ranking-Faktor. Das Titel-Tag dient in den Ergebnislisten der Suchmaschinen als Beschreibung der Webseite. Daher sollte darauf geachtet werden, hier themenrelevante Keywords zu platzieren, damit die Suchmaschinen die Seite einem Suchbegriff zuordnen kann.

Ein weiterer Bereich des Contents sind die Meta-Angaben im Header-Bereich des HTML-Dokuments. In diesen Tags werden nähere Informationen zu der jeweiligen Webseite angegeben. Laut Google werden die Metadaten jedoch nicht in das Ranking mit einbezogen, weshalb sie bei der Optimierung teilweise außer Acht gelassen werden können. Diese Tatsache hängt damit zusammen, dass dem Keyword-Meta-Tag in der Vergangenheit irrelevante Keywords zugewiesen wurden, nur um ein breites Spektrum an Suchbegriffen abzudecken. Lediglich der Description-Tag wird von Google berücksichtigt, da das Tag als Text für die Suchergebnisse verwendet werden kann. [7]. Weitere Meta-Angaben, wie z.B. 'nofollow', 'noindex' oder 'nosnippet,' sind als Anweisung für Google oder seinen Crawler zu verstehen. Mit ihnen soll unter anderem verhindert werden, dass die aktuelle Seite indexiert oder ein Ausschnitt in den Suchergebnissen angezeigt wird. [8]

ABB. 1: Verwendung des Description-Tags

Entwicklung und Implementierung einer webbasierten Software zur Planung und Steuerung von Linkbuilding-Strategien zur Suchmaschinenoptimierung von Internetseiten

Seite 5

2.1.1.2 Seiten- und Linkstruktur

Neben den bereits erwähnten off-Page Methoden gibt es noch eine weitere wichtige zu nennen, die Link- und Seitenstruktur. Die Linkstruktur ist für das Ranking einzelner Seiten notwendig. Hierbei ist darauf zu achten, dass es sich bei den Links überwiegend um Textlinks und nicht um Bilder handelt, da Suchmaschinen diese Links ohne weitere Informationen nicht lesen können. Um an diese Informationen zu gelangen, benötigen die Suchmaschinen das Alt- und das Title- Attribut. Um ebenfalls Keywords zu platzieren, ist es gleichermaßen sinnvoll, weiterführende Links oder Artikelempfehlungen innerhalb des Contents zu platzieren. Dadurch wird gewährleistet, dass die Seite auf thematisch gleichwertige Seiten verlinkt.

Da Suchmaschinen auch Links verfolgen, welche für das Suchmaschinen-Ranking belanglos sind, ist es ratsam, einige Links mit dem 'nofollow'-Attribut zu versehen. Der Grund dafür ist recht simpel: Links wie das Impressum oder die AGB von kommerziellen Webauftritten enthalten für die Suchmaschinen beispielsweise keine wichtigen Informationen über die Webseite. Kaum ein Benutzer wird den Suchbegriff AGB eingeben, in der Hoffnung unter den Ergebnissen die AGB eines bestimmten Onlineshops zu erhalten. Daher ist es in diesen Fällen sinnvoll, den Suchmaschinen das Verfolgen solcher Links zu untersagen. Bis vor ein paar Jahren war es möglich auf diese Art und Weise Pageranks Punkte, welche als Linkjuice bezeichnet werden, für diesen Link zu sammeln und auf andere Unterseiten zu verteilen. Da Google aber ständig die Algorithmen für das Ranking von Internetseiten überarbeitet, funktioniert die Methode mit der zusätzlichen Übertragung des Linkjuice nicht mehr. Stattdessen bekommt der Link einen Teil des Pagerank, leitet diesen aber nicht weiter [9].

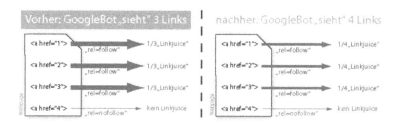

' ABB. 2: Versickern 'des Linkjuice

Entwicklung und Implementierung einer webbasierten Software zur Planung und Steuerung von Linkbuilding-Strategien zur Suchmaschinenoptimierung von Internetseiten

Seite 6

2.1.2 Graphenanalyse (off-Page Optimierung)

Zur off-Page Optimierung gehören im Gegensatz zu der on-Page Optimierung Maßnahmen, die nicht direkt vom Seiteninhaber beeinflusst werden können. Sie werden also von externen Faktoren beeinflusst und sind unabhängig von der Struktur und dem Inhalt der Webseite.

2.1.2.1 Linkbewertung

Linkbewertung ist für die Ergebnisse in Suchmaschinen äußerst wichtig, da Links für Google, laut Expertenmeinung, ein wichtiger Ranking-Faktor sind [10]. Dabei ist das Stichwort Backlink zu nennen. Dabei handelt es sich um Links, die von einer fremden Webseite auf eine andere bestimmte Webseiten verweisen. Viele Suchmaschinen verwenden Backlinks um die Wichtigkeit der jeweiligen Seite zu bewerten. Google lässt diese Backlinks durch ihren Page-Rank-Algorithmus bewerten. Prinzipiell stellt jeder externe Link auf die eigene Seite für die Suchmaschinen eine Empfehlung für die Seite dar, weshalb diese davon aus gehen, dass eine Webseite mit vielen externen Links, eine informative und nützliche Seite ist. Daher ist das Aufbauen von vielen, möglichst guten Links eine effektive und übliche SEO-Methode, um Internetseiten zu optimieren. Jedoch werden die einzelnen Links unterschiedlich von den Suchmaschinen bewertet. Es zählt also nicht die Quantität der externen Links, sondern auch deren Qualität. Links, welche von einer Webseite stammen, die schon bei den Suchmaschinen hoch gelistet ist, weisen dabei eine höhere Qualität als andere Seiten auf [11]. Es ist aber zu erwähnen, dass es viele Faktoren gibt, die die Qualität eines Links festlegen und beeinflussen können. Mögliche Faktoren sind z.B. der Linktext, die Linkposition und das Linkalter. Wie bereits in Kapitel 2.1.2.2 erläutert, ist sinnvoll themenrelevante Keywords in dem Content der Webseite zu platzieren. Um den Links einer Webseite ein bestimmtes Thema oder einen Suchbegriff zuordnen zu können, ist es nötig, passende Keywords in dem jeweiligen Linktext zu verwenden [12].

```
<body>
  <a href="http://www.hundefutter.de/"
  title="Viele Informationen über Hundefutter">
  Alles über Futter für Hunde</a>
</body>
```

ABB. 3: Link mit passenden Linktext

Entwicklung und Implementierung einer webbasierten Software zur Planung und Steuerung von Linkbuilding-Strategien zur Suchmaschinenoptimierung von Internetseiten

Seite 7

Aufgrund der Tatsache, dass Suchmaschinen eine Internetseite in unterschiedlich wichtige Teilbereiche einteilen, spielt auch die Position der Links eine Rolle. Dabei ist der Content der wichtigste und der Footer der unwichtigste Teilbereich. Dies wird dadurch begründet, dass der Content den informativen Bereich der Seite darstellt. Der Footer hingegen wird deshalb schwächer eingestuft, da dort Links platziert werden können, welche lediglich für Link-Tausch oder Partnerseiten eingetragen wurden und dem Besucher der Webseite keinen Nähr-wert bieten[13]. Ein weiterer Faktor für die Bewertung der Links ist der Google Pagerank, welcher nachfolgend genauer erläutert wird.

2.1.2.2 Pagerank

Bei dem Pagerank handelt es sich um ein von Google entwickeltes Verfahren mit dem die Linkpopularität einer Seite wiedergeben wird. Das Prinzip des Pageranks ist dabei relativ simpel. Im Grunde besitzt jede Webeseite ein "Gewicht". Dieses Gewicht stellt den Pagerank dar, welcher nach der Anzahl, der auf die Seite zurückverlinkenden Seiten (Backlinks) und nach der Linkpopularität der verlinkenden Seite berechnet wird. Daher ist ein Link von einer Webseite mit dem PageRank 6 wertvoller als Links von einer PageRank 1 Seite.

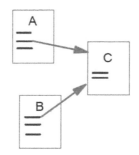

ABB. 4: A und B stellen Backlinks von C dar

Dabei erhält die Zielseite einen Teil des Pageranks der zu verlinkenden Seite. Der genaue Wert, den die Webseite übergeben bekommt, wird in dem Pagerank-Algorithmus festgelegt und variiert daher ständig. Umso höher der Pagerank des Backlinks, desto schneller steigt auch das Gewicht der Zielseite [14].

Entwicklung und Implementierung einer webbasierten Software zur Planung und Steuerung von Linkbuilding-Strategien zur Suchmaschinenoptimierung von Internetseiten

Seite 8

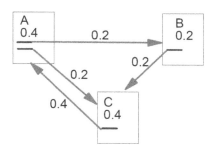

ABB. 5: vereinfachte Pagerank Berechnung

Aus diesem Grund haben viele SEO's künstliche Links aufgebaut und verlinkt, um den Pagerank künstlich anzuheben [15]. Google erkannte schnell, dass der Pagerank leicht zu manipulieren war und führte das HTML-Attribut 'rel=nofollow' ein. Ist ein Link mit diesem Attribut
gekennzeichnet, sind die Crawler, also Computerprogramme, welche von Suchmaschinen zur
Analyse von Webseiten eingesetzt werden, nicht in der Lage den Pagerank der verlinkten Seite weiterzugeben.[16] Dies führte dazu, dass Google kontinuierlich an seinen Algorithmen
arbeitet, um diesem Vorgehen entgegen zu wirken. Meistens sind es nur wenige kleine Änderungen, jedoch hat das Unternehmen auch schon eine Reihe wichtiger Updates veröffentlicht,
welche großen Einfluss auf die Auswertung der Webseiten und somit auf das Suchmaschinen-
Ranking haben.

2.1.3 Weitere Maßnahmen

Neben den oben aufgeführten on- und off-Page Maßnahmen, gibt es weitere, welche sich
nicht zuordnen lassen. Exemplarisch wird hier lediglich auf den Domain-Namen eingegangen.

2.1.3.1 Domain-Name

Der Domain-Name einer Internetseite ist einzigartig. Er setzt sich dabei aus der Top Level
Domain, kurz TLD, und dem Namen zusammen. Bei der TLD handelt es sich um den letzten
Teil des Domain-Namens, z.B. '.de'. Bei der Wahl des Namens sollte man, dem Thema der

Entwicklung und Implementierung einer webbasierten Software zur Planung und Steuerung von Linkbuilding-Strategien zur Suchmaschinenoptimierung von Internetseiten

Seite 9

Webseite entsprechende, Keywords benutzen, um einen direkten Bezug herzustellen. Das Verwenden einer Standarddomain, also einer Adresse, unter der die Webseite gefunden wird, ist ebenfalls sinnvoll, da Suchmaschinen erkennen, sobald Webseiten mit 'www.' oder ohne dieses Präfix aufgerufen werden können. In einem solchen Fall wird dies als 'Duplicate Content' gewertet und ggf. abgestraft [17].

2.1.4 Effektive Maßnahmen

Da die verschiedenen Maßnahmen eine unterschiedlich starke Gewichtung haben, ist es nicht verwunderlich, dass sie sich auch in deren Effektivität unterscheiden. Man kann aber nicht generell davon ausgehen, dass die on-Page Methoden sinnvoller sind als off-Page Maßnahmen. Das Zusammenspiel dieser beiden Bereiche macht eine gute SEO aus. Obwohl der Linkaufbau in der letzten Zeit an Wichtigkeit verliert, ist es trotzdem ein wichtiger Faktor, vor allem, weil es sich in der Praxis bewährt hat.

2.2 Linkaufbau

Linkaufbau beschreibt die Maßnahmen die dazu dienen, möglichst viele möglichst hochwertige externe Links auf die eigene Zielseite aufzubauen. Dieser Linkaufbau sollte dabei möglichst natürlich bleiben. Ziel dabei ist natürlich eine möglichst hohe Listung zu einem bestimmten Suchbegriff zu erhalten. Im folgenden Abschnitt wird daher das Vorgehen beim Linkaufbau näher erläutert. Weiterhin wird auf die verschiedenen Arten, sowie auf Gefahren eingegangen.

2.2.1 Vorgehen

Um minimalen Linkaufbau betreiben zu können, werden zunächst einmal eine Link vergebende und eine Link erhaltende Webseite benötigt. Dabei gibt es verschiedene Ansätze wie man den Linkaufbau durchführen kann. Auf der einen Seite gibt es den "Low-Level-Linkaufbau". Bei dieser Form des Linkaufbaus können allein durch zeitlichen Aufwand Ergebnisse erzielt werden [19 S.8]. Bei dem "Low-Level-Linkaufbau" werden die erforderlichen Links aus verschiedenen Linkquellen zusammengesucht. In öffentlichen Foren oder Blogs, in

Entwicklung und Implementierung einer webbasierten Software zur Planung und Steuerung von Linkbuilding-Strategien zur Suchmaschinenoptimierung von Internetseiten

Seite 10

denen Diskussionen über Themen mit einer hohen Relevanz zu dem Inhalt der eigenen Webseite stattfinden, können Verweise zu dieser gesetzt werden. Weitere Möglichkeiten für das Setzen von Verweisen zur eigenen Webseite sind Artikelverzeichnisse und Bookmarks. Es besteht aber auch die Möglichkeit sich in Webkataloge, wie dmoz [20] eintragen zu lassen. Innerhalb von Artikelverzeichnissen können, zu dem Thema des eigenen Internetauftritts passende, Artikel veröffentlich werden, in denen man zusätzlich zu dem Link, noch relevante Keywords mit einbringen kann [19 S.8].

ABB. 6: Darstellung des "Low-Level-Linkaufbaus"

Auf der anderen Seite existiert der "qualitative-Linkaufbau". Dieser unterscheidet sich im Grunde genommen dadurch, dass man nicht versucht, Verweise, auf die eigene Webpräsenz, aus Foren oder Verzeichnissen zu setzen, sondern vielmehr darauf bedacht ist, dass freiwillig auf die eigene Seite verlinkt wird. Dies kann dadurch erreicht werden, dass man den Content ständig aktuell oder für Besucher informativ oder unterhaltsam hält. Es gibt eine Vielzahl von Möglichkeiten um Besucher auf die eigene Webseite zu locken. Man sollte dabei ständig im Hinterkopf behalten, dass es die Inhalte in erster Linie den Zweck verlogen das Interesse der Nutzer zu gewinnen und damit nicht ausschließlich auf Suchmaschinen ausgerichtet sein sollte.

Entwicklung und Implementierung einer webbasierten Software zur Planung und Steuerung von Linkbuilding-Strategien zur Suchmaschinenoptimierung von Internetseiten

Seite 11

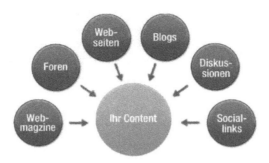

ABB. 7: Darstellung des "qualitativen-Linkaufbaus"

2.2.2 Arten von Linkaufbau

Beim Linkaufbau gibt es verschiedene Arten, welche eine unterschiedliche Erfolgsrate aufweisen. Diese unterschiedlichen Methoden werden im Folgenden näher erläutert.

2.2.2.1 Linkeintragung

Um mit möglichst wenig Aufwand an Links zu gelangen, ist die Linkeintragung ein guter Ansatzpunkt. Das Prinzip der Linkeintragung ist es, die eigene Webseite bei einer Vielzahl von gratis Portalen, Gästebüchern oder jedweder Art von Verzeichnissen einzutragen, um von einer möglichst großen Menge von Webseiten verlinkt zu werden. Da dieses Verfahren mit keinen Kosten verbunden ist, ist es nicht verwunderlich, dass auf diesen Portalen oder Verzeichnissen eine enorme Anzahl von Webseiten eingetragen ist und die Suchmaschinen diese Einträge aufgrund der Erkennung von SEO-Manipulationen teilweise ignorieren oder schwach bewerten [18].

2.2.2.2 Linkkauf und Linkmiete

Beim Linkkauf oder der Linkmiete geht es darum, Links von fremden Angeboten einzukaufen, Seitenbetreiber werden als dafür bezahlt, dass sie einen verlinken. Diese Link jedoch kos-

Entwicklung und Implementierung einer webbasierten Software zur Planung und Steuerung von Linkbuilding-Strategien zur Suchmaschinenoptimierung von Internetseiten

Seite 12

ten extra viel Geld. Dadurch kann eine unnatürliche Linkstruktur entstehen kann, welche wiederum die Aufmerksamkeit der Suchmaschinen erregen könnte. Google hat zu diesem Thema ausdrücklich Stellung bezogen. In deren 'Richtlinien für Webmaster' wird ausdrücklich erwähnt, dass diese Form des Linkaufbaus von Google nicht erwünscht ist.[21] Im Klartext bedeutet dies, dass Seiten, bei denen eine unnatürliche Linkstruktur durch gekaufte oder gemietete Links erkannt wird, Maßnahmen von Google eingeleitet werden. Ausnahme ist jedoch, die Kennzeichnung solcher Links, z.B. durch das Attribut 'nofollow', sodass Suchmaschinen diese Links außer Acht lassen.

2.2.2.3 Linktausch

Der Linktausch verhält sich nach dem Prinzip: "Du empfiehlst mich und ich empfehle dich". Dabei wird der Tausch eines Links nur durchgeführt, wenn beide Tauschparteien einwilligen, den Link des Partners auf eine andere Seite einzutragen. Diese Art des Linkaufbaus ist nicht sonderlich effektiv, da sie leicht von den Suchmaschinen erkannt werden kann. Grund hierfür könnte sein, dass Links aus fremden Themenbereichen getauscht und auf Seiten platziert werden, welche im Grunde irrelevant sind.

Hieraus ergibt sich die Gefahr des reziproken Verlinkens, also direktes hin und her verlinken zwischen den Partnern. Das sollte vermieden werden. Ansonsten lehnt Google auch Linktausch ab, das kann aber trotzdem sehr gut funktionieren, wenn man die richtigen Linktauschpartner findet.

2.2.3 Gefahren

Jede Linkaufbau-Maßnahme bringt gewisse Vor- und Nachteile mit sich und erzielt unterschiedliche Wirkungen. So erhält man beispielsweise durch die Linkeintragung zwar viele Verlinkungen, jedoch ist der Effekt sehr gering, da es sich im Prinzip nur um Selbstverlinkungen handelt. Der Linkkauf oder die Linkmiete kann bei der SEO schon zu wesentlich besseren Ergebnissen führen. Hierbei ist aber zu bedenken, dass es sich nicht um eine von Google gern gesehene Maßnahme handelt und der Vorgang somit recht riskant ist. Weiterhin sollte man stets darauf achten, dass es unterschiedlich effektive Links gibt. Die Links, die man erwirbt, könnten nicht, wie vom Verkäufer zugesagt, die gewünschte Qualität aufweisen oder den Pagerank weitervererben und somit relativ zwecklos werden.

Entwicklung und Implementierung einer webbasierten Software zur Planung und Steuerung von Linkbuilding-Strategien zur Suchmaschinenoptimierung von Internetseiten

Seite 13

Des Weiteren sollte darauf geachtet werden, dass die angegebenen Werte der Links den Tatsachen entsprechen, da es möglich ist, den Pagerank von gut bewerteten Seiten auf Seiten mit niedrigem Pagerank zu spiegeln und vorzutäuschen, dass es sich bei dem zu kaufenden Link um eine starke Seite handelt.

2.2.3.1 unnatürliche Linkentwicklung

Ebenfalls sollte man beim Erwerb und Setzen dieser Links vorsichtig sein. Es bringt relativ wenig, wenn man am Anfang der Optimierung Links kauft, welche beispielsweise einen hohen Pagerank aufweisen. Der Grund dafür ist, dass die Suchmaschinen dadurch eine unnatürliche Linkentwicklung erkennen können, da es recht unwahrscheinlich ist, dass bereits qualitativ gute Seiten in kurzer Zeit auf einen recht neuen Internetauftritt verweisen.

2.2.3.2 reziprokes Verlinken

Mögliches Problem beim Linktausch ist der sogenannte Dreickestausch. Hierbei werden verschiedene Links zwischen den gleichen Parteien getauscht und verlinkt, sodass man häufig zu dem selben Seite gelangen kann. Dies macht es den Suchmaschinen möglich, einen Tausch zu erkennen.

2.2.4 Risiken für das Ranking

Ein Risiko für das Ranking könnte der sogenannte Relaunch sein. Mit dem Begriff Relaunch bezeichnet man die grundlegenden Maßnahmen zur Überarbeitung einer Webseite. Diese Maßnahmen können beispielsweise ein Domainwechsel oder ein neues Content Management System (CMS) sein. Aber auch die Überarbeitung des Designs kann zu einem Ranking-Risiko werden. Es besteht also die Möglichkeit, die zuvor durch SEO Maßnahmen erreichte, gute Suchmaschinen-Positionierung zu verlieren. Die im unteren Abschnitt aufgeführten Risiken beziehen sich dabei lediglich auf Webseiten, deren Suchmaschinen-Ranking bereits positiv ist. Für Internetseiten mit schlechtem, bis gar keinem Ranking, spielen diese Risiken keine Rolle, da zuvor keine erfolgreiche SEO durchgeführt wurde. Der Relaunch ist jedoch nicht die

Entwicklung und Implementierung einer webbasierten Software zur Planung und Steuerung von Linkbuilding-Strategien zur Suchmaschinenoptimierung von Internetseiten

Seite 14

einzige Gefahr in Bezug auf SEO. Es können ebenfalls Gefahren beim Linkaufbau entstehen, welche es durch detaillierte Planung zu verhindern gilt.

2.2.4.1 URL-Änderungen innerhalb der Website

Durch den Wechsel von statischen HTML-Dokumenten zu einem CMS wird oft die interne URL-Struktur verändert. Dies führt zu diversen Nachteilen für das Suchmaschinen-Ranking. potentielle Besucher der Webseite, welche nach der Internetseite suchen und nicht wissen, dass die Google-Ergebnisseite noch nicht aktualisiert wurde, werden möglicherweise nicht zu der gewünschten Webseite gelangen. Vorher gesetzte Lesezeichen innerhalb des Webbrowsers werden den Benutzer ebenfalls nicht zum eigentlichen Ziel führen. Für das Suchmaschinen-Ranking ist dies fatal, denn wenn ein Benutzer die Seiten im Internet nicht findet, wird es auch für den Google-Bot schwierig, diese unter der aktuellen Adresse zu finden. Ein weiterer Nachteil ist das Alter der neuen Unterseiten. Suchmaschinen schenken älteren Seiten mehr Vertrauen ("Trust"), da sie unter anderem nach dem Prinzip "je älter, desto besser, je jünger, desto riskanter" arbeiten. Dieser Trust und das damit verbundene gute Ranking der Seite gehen somit verloren.

2.2.4.2 Domainwechsel

Der Domainwechsel wird häufig durchgeführt, um neue themenrelevante Keywords im Domainnamen verwenden zu können. Dies ist auf der einen Seite als off-Page Faktor auch nicht weiter verwunderlich bzw. verwerflich. Es sollte jedoch jedem klar sein, dass Google ältere Domains vertrauenswürdiger als junge, neu geschaltete einstuft. Des Weiteren können die Besucherzahlen schwanken, da die neue URL noch nicht jedem Besucher bekannt ist. Ein weiteres Risiko ist, dass die bestehende Linkstruktur verändert wird. Somit werden alte Links nicht mehr erkannt. Es besteht dennoch die Möglichkeit, dieses Risiko ein wenig einzudämmen. Es ist ratsam vor einem Domainumzug durch Analyse der Links, welche mittels diverser Tools, wie dem Open Site Explorer [22] möglich ist, herauszufinden, welche Links besonders wertvoll sind. Somit weiß man relativ genau, bei welchen Links es sich lohnt, diese zu wahren. Diese Links können z.B. per Redirects, also Weiterleitungen, auf die neue Domain umgeleitet werden. Dazu wird von Google die 301-Weiterleitung empfohlen, da es sich dabei um eine serverseitige Weiterleitung handelt und einen nahezu nahtlosen Übergang zwischen den Domains gewährleistet. Des Weiteren wird mittels des 301-Statuscode verdeutlicht, dass die Seite "permanently moved", also dauerhaft unter einer neuen Adresse zu finden ist.

Entwicklung und Implementierung einer webbasierten Software zur Planung und Steuerung von Linkbuilding-Strategien zur Suchmaschinenoptimierung von Internetseiten

Seite 15

2.2.4.3 Bad Neighbourhood

Bad Neighbourhood bedeutet übersetzt 'schlechte Nachbarschaft'. Webseiten befinden sich dann in einer Nachbarschaft, wenn die Seiten untereinander, durch Backlinks, verbunden sind. Mit einer Bad Neighbourhood bezeichnet man Webseiten, die das Vertrauen von Google und somit ihren Pagerank und Trust verloren haben. Dies kann z.B. durch illegale SEO Praktiken, welche ausdrücklich in den Google Webmaster Guides definiert sind, geschehen. Damit sind diese Webseiten, für das Verlinken auf andere Seiten, faktisch wertlos. Das riskante an einer Bad Neighbourhood ist es, dass sie die eigene Seite ebenfalls zu einem Teil dieser Nachbarschaft machen kann. Seiten, welche auf Zielseiten innerhalb einer schlechten Nachbarschaft verlinken, sprechen dieser Zielseite sozusagen ihr Vertrauen aus. Je öfter solche Verlinkungen vorkommen, desto schneller entzieht Google der eigenen Webseite das Vertrauen, woraufhin sie Teil der Bad Neighbourhood wird.

2.2.4.4 Google Updates

Wie bereits erwähnt, arbeitet Google ständig an der Verbesserung seiner BewertungsAlgorithmen für das Suchmaschinen-Ranking, um feinere Relevanzmessungen vorliegen zu haben und schließlich entscheiden zu können, welche Seite dem eingegebenen Suchbegriff, bzw. der Suchphrase entspricht. Weiterhin müssen die Suchmaschinen in der Lage sein, Muster zwischen verschiedenen Webseiten zu erkennen [10]. Laut Google werden jährlich hunderte Änderungen an den Algorithmen durchgeführt, von denen nur die großen Updates namentlich veröffentlicht und somit von der Öffentlichkeit bemerkt werden [10].

Da ständig Änderungen am Algorithmus vorgenommen werden und Google verständlicherweise keine Informationen über die aktuellen, mit in das Ranking einbezogenen Faktoren, bekanntgibt, ist es unumgänglich, bereits veröffentlichte Ergebnisse von Forschern zu diesem Thema zu analysieren, um so mögliche Faktoren zu entdecken [10].

Wichtig bei den großen Updates ist es, zu wissen, dass es verschiedene Arten gibt. Updates, welche Google unter einem Städtenamen veröffentlich hat, liefern dem BewertungsAlgorithmus neue Funktionalitäten, also erweitern diesen. Nachfolgende Updates mit der Be-

Entwicklung und Implementierung einer webbasierten Software zur Planung und Steuerung von Linkbuilding-Strategien zur Suchmaschinenoptimierung von Internetseiten

Seite 16

zeichnung von Tierarten optimieren den Algorithmus und machen ihn aufmerksam auf bestimmte Manipulationsversuche bezüglich der Bewertung. Das derzeit aktuellste Update ist
das 'Penguin-Update', welches am 24.04.12 erstmals veröffentlicht wurde. Das 'Penguin-
Update' besitzt im Vergleich zu seinem Vorgänger, dem 'Panda-Update', die Kernfunktionali-
tät überoptimierte Seiten, welche manipulative Techniken einsetzen, zu erkennen. 'Panda'
hingegen berücksichtigt das Userverhalten und bewertet anhand dieses Verhaltens die Wichtigkeit, also den 'Wert' einer Seite.

Daher ist es wichtig, Veränderungen an dem eigenen Ranking schnellstmöglich zu erfassen
und ggf. Gegenmaßnahmen einzuleiten. Es sollte beachtet werden, dass diese Veränderungen aufgrund der neuen verfeinerten Einstellungen im Algorithmus oder durch die bessere
Erkennung von Manipulationen und somit durch eine Abstrafung seitens Google entstehen
können [10].

3 Anforderungsanalyse

Im nachfolgenden Kapitel wird eine Anforderungsanalyse durchgeführt, welche sich mit der
Problematik der aktuellen SEO-Tools auseinandersetzt. Des Weiteren werden bereits vorhan-
dene Softwarelösungen analysiert und letztendlich auf dieser Basis die konkrete Zielsetzung
des Projekts definiert.

3.1 Problematik

Die Problematik ergibt sich aus den aktuell auf dem Markt befindlichen SEO–Tools. Für ef-
fektiven Linkaufbau reicht es nicht mehr, nur die projektrelevanten Links zu verwalten und
sich durch das Anzeigen von Reports und Auswertungen einen Überblick über die Ergebnisse
der SEO – Maßnahmen zu verschaffen. Viel wichtiger ist es, ein optimales Linknetzwerk aufzubauen, welches die Zielseite, z.B. die Homepage eines Kunden, in den Suchergebnissen
stärken kann. Hierbei ist darauf zu achten, dass Suchmaschinen wie Google nicht erkennen,
dass es sich um ein Linknetzwerk handelt und dieses ggf. abstrafen. Genau diese Funktionalität gilt es, während der Bachelorphase zu entwickeln und zu realisieren.

Entwicklung und Implementierung einer webbasierten Software zur Planung und Steuerung von Linkbuilding-Strategien zur Suchmaschinenoptimierung von Internetseiten

Seite 17

3.2 Wettbewerbsanalyse

Zum Zeitpunkt der Erstellung dieser Arbeit gibt es bereits Softwarelösungen auf dem Markt, von denen einige exemplarisch im Hinblick auf ihre Funktionalitäten kurz vorgestellt und abschließend bewertet werden. Dabei handelt es sich teilweise um reine Linkmanager, mit denen vorranging Links verwaltet und Projekten zugeteilt werden, um diese letztendlich in ihrer Positionierung innerhalb von Suchmaschinen zu stärken. Des Weiteren geht es um SEO-Suites, welche nicht als reiner Linkmanager fungieren, sondern mit denen viele Maßnahmen im Bereich SEO getroffen werden können.

3.2.1 Linkbird

Linkbird ist zurzeit das führende Linkmanager-Tool, mit dem es ermöglicht wird, den Linkaufbau professioneller zu gestalten. Dabei besticht Linkbird vor allem durch eine Vielzahl an Funktionen zur Verwaltung von Links. Mittels Linkbird lassen sich sogenannte Backlinkchecks durchführen. Es handelt sich hierbei um einen Mechanismus, der die eingetragenen Links auf ihre aktuelle Gültigkeit hin überprüft. Ebenfalls kann mit dieser Software einfache Linkakquise betrieben werden. Bei der Linkakquise geht es um den Versuch, fremde Verlinkungen auf die eigene Seite zu erhalten. Dies kann entweder durch Linkkauf, also den endgültigen Erwerb des Links oder aber durch Linkmiete oder Linktausch erfolgen. Um die Wirksamkeit der SEO Maßnahmen nachvollziehen zu können, stellt Linkbird darüber hinaus Funktionalitäten zur Verfügung, mit deren Hilfe man die Auswirkung der Links messen und anschließend durch Reports anzeigen lassen kann.

3.2.2 Linkbutler

Relativ neu auf dem Markt, aber schon recht verbreitet, ist Linkbutler. Ähnlich wie Linkbird ist auch Linkbutler ein komplexer und mächtiger Linkmanager, mit dem es sich professionell arbeiten lässt. Die Software verfügt dabei ebenfalls über die Methoden, um angelegte Links zu überprüfen und sich Statistiken dazu anzeigen zu lassen. Weiterhin ist es auch mit Linkbutler möglich, sich an Linktausch zu beteiligen, da die Software konkrete Vorschläge für evtl.

Entwicklung und Implementierung einer webbasierten Software zur Planung und Steuerung von Linkbuilding-Strategien zur Suchmaschinenoptimierung von Internetseiten

Seite 18

nützliche Links unterbreitet. Ebenfalls vorhanden ist die Rechteverwaltung, welche zur Einschränkung des Handlungsspielraumes der Benutzer dient.

3.2.3 Xovi

Neben den klassischen Linkmanagern wie Linkbird und Linkbutler, gibt es auch noch Softwaresysteme, welche mit ihren Funktionalitäten den kompletten SEO - Bereich abdecken.. Mit Xovi lassen sich nicht nur, wie bei Linkbird und Linkbutler, Reports zu eingetragenen Links generieren oder Links überprüfen, sondern auch diverse on-Page Maßnahmen ergreifen, welche ebenfalls eine Rolle in der SEO spielen. Des Weiteren ermöglicht Xovi eine effektive Keyword-Recherche, um sinnvolle Begriffe für das eigene Projektthema zu ermitteln.

3.3 Zielsetzung

Mit Hilfe der oben durchgeführten Analyse der einzelnen Softwarelösungen wurde verdeutlicht, dass es bereits Linkmanager und Verwaltungstools auf dem Markt gibt. Daher ist es sinnvoll, die eigene Software zu individualisieren und Funktionalitäten einzubauen, die bei den anderen Systemen außer Acht gelassen oder nicht implementiert wurden. Diese Nische zwischen den bereits vorhandenen Lösungen wäre die komplette Planung von Linkbuilding Kampagnen, sowie deren Durchführung und Kontrolle. Aus diesem Grund sollte die zu entwickelnde Software fähig sein, die eingetragenen Links zu verwalten, um die Aufgaben eines Linkmanagers zu erledigen. Weitere Funktionen sollte zum einen das Planen eines Linknetzwerks sein. Zum anderen soll auf Basis von verschiedenen Daten ermittelt werden, ob das geplante Netzwerk unnatürlich wirken könnte, wodurch es von den Suchmaschinen mühelos als solches erkannt und abgestraft würde. Vorteil der endgültigen Software ist die Implementierung bereits bekannter Methoden zu Linkverwaltung in Kombination mit der Planung eines kompletten Linknetzwerkes.

Entwicklung und Implementierung einer webbasierten Software zur Planung und Steuerung von Linkbuilding-Strategien zur Suchmaschinenoptimierung von Internetseiten

Seite 19

4 Stand der Technik

Wie in der Einführung bereits verdeutlicht wurde, verlagern sich die Aktivitäten der Bevölkerung stetig in den Online-Bereich [3]. Somit haben auch Webanwendungen mehr und mehr an Bedeutung zugenommen. Aus diesem Grund, wird es sich bei der zu entwickelnden Applikation ebenfalls um eine Webanwendung handeln.

4.1 verwendete Technologien

Um den Quellcode der Applikation gut strukturieren und übersichtlich halten zu können, wird für die Realisierung der Webapplikation, ein Framework verwendet. Laut dem Buch "Building Application Frameworks", von Fayad, Schmidt und Johnsen aus dem Jahr 1999, existieren zwei Definitionen:

"A framework is a reusable design of all or part of a system that is represented by a set of abstract classes and the way their instances interact"

sowie

"A framework is the skeleton of an application that can be customized by an application developer"

[Fayad et al. 1999, S. 3 ff, zit. n. Kargl 2009: 4][PHP-MVC-Frameworks - Evaluierung von Web Application Frameworks für die serverseitige Scriptsprache PHP von Jürgen Kargl von Grin Verlag (Broschiert - November 2009)]

Anhand dieser Zitate ist erkennbar, dass es sich bei einem Framework um ein Grundgerüst für objektorientierte Softwareentwicklung handelt. Nach Ausgiebiger Recherche und dem Testen der aktuellen Frameworks, fällt den Wahl auf CodeIgniter in der aktuellen Version 2.1.2. Durch die durchgeführten Tests hat sich gezeigt, dass dieses Framework viele Funktionalitäten bietet. Des Weiteren hat es keine zu hohe Lernkurve, so dass es möglich ist mit wenig Aufwand bereits Ergebnisse vorweisen zu können. Durch die Erweiterung von CodeIgniter, mit Hilfe des Frameworks Doctrine in der Version 2.2.1, ist es möglich, objektrelationale Abbildung der Datenbank zu erstellen. Dies bedeutet, dass Zugriffe auf die Datenbank nicht länger in SQL formuliert werden müssen, sondern die Objekte, welche innerhalb der Program-

Entwicklung und Implementierung einer webbasierten Software zur Planung und Steuerung von Linkbuilding-Strategien zur Suchmaschinenoptimierung von Internetseiten

Seite 20

miersprache definiert wurden, direkt mittels Objektmethoden in der Datenbank abgelegt werden können [23].

Als weitere Technologie wurde jQuery verwendet. Bei jQuery um eine vielseitige JavaScript Bibliothek, welche mittels weniger Zeilen Code, ganz einfach in ein Webprojekt integrieren lässt [24].Durch die Vielzahl der bereits integrierten Funktionen und der guten Dokumentation, ist es besonders komfortabel mit jQuery zu arbeiten [25].

Für die Entwicklung der Applikation wurde ein Server eingerichtet, der gleichzeitig zum Testen verwendet wurde. Somit war es möglich die Softwarelösung noch während der Entwicklungsphase im Livemodus zu testen und somit direkt auf mögliche Fehler oder Komplikationen reagieren zu können.

4.2 Funktionalplanung

Die Anforderungen aus der Vorstudie [32] dienen als Grundlage der Funktionalplanung. Und werden deshalb noch einmal im Einzelnen aufgeführt.

(1) Die Software muss das Anlegen neuer Projekte ermöglichen.

(2) Es muss zwischen verschiedenen Projekten unterschieden werden können.

(3) Mit der Anwendung müssen Linkquellen(Linktypen) angelegt werden können.

(4) Die Software muss fähig sein Backlinks anzulegen und zu verändern.

(5) Die Software muss in der Lage sein, eigenständig Footprints und Muster zu er kennen und für die Ausgabe von Berichte und Warnungen zu speichern.

(6) Die durch die Software gesetzten Backlinks müssen durch anpingen auf Ihre aktuelle Gültigkeit überprüft werden.

(7) Die Software muss durch Warnungen generieren, falls das erstellte Netzwerk unnatürlich wirkt.

(8) Die Software muss den Pagerank sowie den Traffic einer Seite prüfen können.

Entwicklung und Implementierung einer webbasierten Software zur Planung und Steuerung von Linkbuilding-Strategien zur Suchmaschinenoptimierung von Internetseiten

Seite 21

(9) Die Anwendung muss dem User übersichtlich die Linkstrukturen und Vernet
zung mittels einer Linkpyramide visualisieren.

(10) Die Anwendung muss während der Planung eines Netzwerkes den IST-Zustand
eines Projekts visualisieren und bei fehlerhaftem Aufbau Warnungen anzeigen.

(11) Die Software soll alle Backlinks pro Projekt übersichtlich darstellen (anfangs
statische Daten).

(12) Die Software soll die Registrierung von verschiedenen Nutzern ermöglichen.

(13) Die Software soll gewährleisten, dass im Fall eines Passwortverlustes durch
den Nutzer die Möglichkeit besteht ihm dieses wieder zugänglich zu machen
oder ein neues zu generieren.

(14) Durch die Software soll es möglich sein den einzelnen Benutzern Rechte zu
zuweisen um Ihren Zugriff auf die Software und Projekte einzuschränken.

4.2.1 Anwendungsfälle (Use Case)

Im Folgenden werden exemplarische Anwendungsfälle der Software durch eine schematische
Darstellung aufgeführt und kurz erläutert.

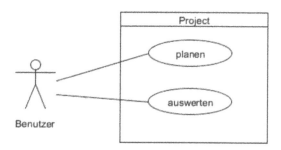

ABB. 8: Planung und Auswertung eines Projekts durch den Benutzer

Entwicklung und Implementierung einer webbasierten Software zur Planung und Steuerung von Linkbuilding-Strategien zur Suchmaschinenoptimierung von Internetseiten

Seite 22

Dem Anwender ist es möglich, mit Hilfe der Applikation ein kundenspezifisches Projekt anzulegen und zu planen. Er ist in der Lage, nach erfolgreicher Planung eine Auswertung zu
starten, die ihm Hinweise zu den Fehlern innerhalb seiner Planung ausgibt.

Akteure bei diesem Anwendungsfall sind sämtliche Endanwender der Software, welche über
die entsprechende Berechtigung verfügen.

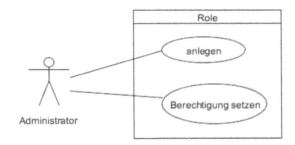

ABB. 9: Hinzufügen einer Rolle und setzen der zugehörigen Rechte durch den Administrator

Der Administrator ist in der Lage, neben den vordefinierten Rollen und Berechtigungen, weitere Benutzerrollen im System anzulegen, welche später den einzelnen Anwender zugewiesen
werden können. Weiterhin obliegt es dem Administrator, die Rechte für einzelne Benutzer-
gruppen zu setzen oder Ihnen diese zu entziehen. Er ist somit der einzige Anwender, der diesen Anwendungsfall ausführen kann.

Entwicklung und Implementierung einer webbasierten Software zur Planung und Steuerung von Linkbuilding-Strategien zur Suchmaschinenoptimierung von Internetseiten

Seite 23

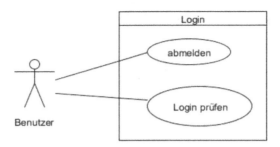

ABB. 10: Überprüfung der Benutzerdaten und Abmeldung vom System

Da in der Applikation sensible Daten hinterlegt sind, wird ein Authentifizierungsmechanismus implementiert, der lediglich den berechtigten Benutzern Zugriff zum System gewährt. Die Akteure sind im Prinzip sämtliche Personen, die versuchen, sich mit ihren Daten anzumelden. Ist die Eingabe der Daten erfolgt, werden die Eingaben des Anwenders überprüft. Bei erfolgreicher Überprüfung wird der Benutzer zum Hauptmenü des Systems weitergeleitet. Schlägt die Authentifizierung hingegen fehl, wird der Anwender wieder zur der Eingabemaske für die Benutzeranmeldung geleitet.

4.2.2 Berechtigungssystem

Der Benutzer kann sich zu Beginn selbstständig am System an- oder abmelden. Hat er sich erfolgreich im System angemeldet, kann er durch die ihm zugewiesene Rolle bestimmte Funktionen des Systems benutzen. Die Wahl eines Berechtigungssystems und der damit verbundenen Rollenzuweisung der einzelnen Benutzer wurde getroffen, um zu gewährleisten, dass nur ein bestimmter Benutzerkreis Zugriff auf wichtige Funktionen erhält. Dies ist sinnvoll, wenn das System von mehreren Benutzern mit unterschiedlichen Fähigkeiten und Kenntnissen bedient wird. So soll ein Auszubildender z.B. keine komplexen Projekte oder Vorgänge bearbeiten können, ein Redakteur hingegen eingeschränkten Zugriff auf Projekte und Kundenverwaltung erhalten. Somit wird gewährleistet, dass die komplette Funktionalität dem Administrator vorbehalten ist und er durch seine Erfahrung und Einschätzung der Mitarbeiter entscheidet, wem welche Rolle zugewiesen wird.

Entwicklung und Implementierung einer webbasierten Software zur Planung und Steuerung von Linkbuilding-Strategien zur Suchmaschinenoptimierung von Internetseiten

Seite 24

5 Technische Softwareplanung

Im folgenden Abschnitt, der technischen Softwareplanung, wird die Struktur der Software durch verschiedene Diagramme verdeutlicht. Dabei wird darauf eingegangen, wie das System bei ordnungsgemäßem Zustand arbeitet und welche Funktionen essentiell für den reibungslosen Ablauf sind.

5.1 Klassendiagramme

Folgender Abschnitt gibt einen Überblick über die verwendeten Klassen und deren Struktur. Da die Auflistung sämtlicher Klassen den Rahmen dieser Arbeit sprengen würde, wird lediglich nur ein kleiner Ausschnitt dargestellt.

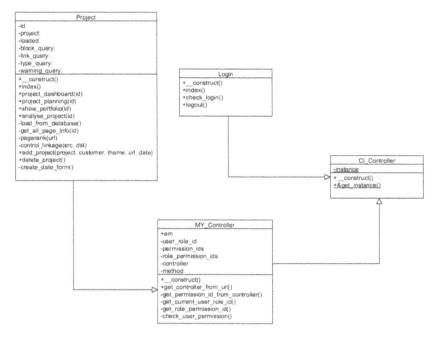

ABB. 11: Ausschnitt der verwendeten Klassen

Entwicklung und Implementierung einer webbasierten Software zur Planung und Steuerung von Linkbuilding-Strategien zur Suchmaschinenoptimierung von Internetseiten

Seite 25

5.2 Sequenzdiagramme

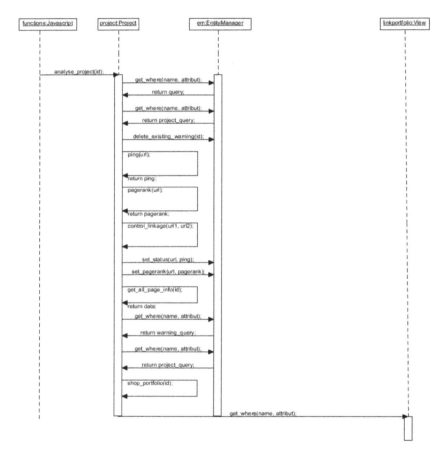

ABB. 12: Sequenzdiagramm der Methode "analyse_project"

Entwicklung und Implementierung einer webbasierten Software zur Planung und Steuerung von Linkbuilding-Strategien zur Suchmaschinenoptimierung von Internetseiten

Seite 26

Das obere Sequenzdiagramm veranschaulicht den Prozess der Auswertung der eingetragenen Links eines Projekts. Es wird ersichtlich, dass mittels einer JavaScript Funktionen die Methode "analyse_project" der Klasse "Project" aufgerufen wird. Im weiteren Verlauf ist erkennbar, dass diese Methode weitere Methoden der Projektklasse aufruft. Zusätzlich zu den eigenen Klassenmethoden, werden noch Methoden der Klasse "EntityManager" aufgerufen. Das Objekt dieser Klasse wird mit dem Konstruktoraufruf des Objekts der Klasse "Project" initialisiert, weshalb beide Objekte den identischen Lebenszeitraum haben. Nach erfolgreichem Aufruf der einzelnen Methoden und der jeweiligen Rückgabe, wird mit Hilfe der Framework eigenen Funktion "load -- view" die View "Linkportfolio" aufgerufen, woraufhin die Objekte der Klasse "Project" und "EntityManager" zerstört werden.

Entwicklung und Implementierung einer webbasierten Software zur Planung und Steuerung von Linkbuilding-Strategien zur Suchmaschinenoptimierung von Internetseiten

Seite 27

5.3 EER – Diagramm

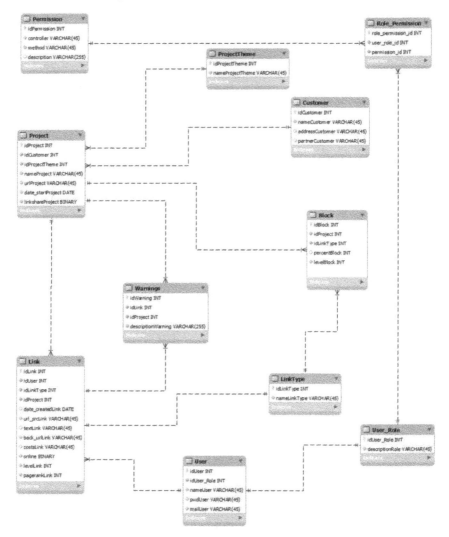

ABB. 13: Aufbau der Datenbank mittels EER-Diagramm

Entwicklung und Implementierung einer webbasierten Software zur Planung und Steuerung von Linkbuilding-Strategien zur Suchmaschinenoptimierung von Internetseiten

Seite 28

5.4 Graphical User Interface (Benutzeroberfläche)

Die grafische Benutzeroberfläche (GUI), welche die Schnittstelle zwischen dem Endanwender und des Softwaresystems darstellt, soll folgenden Anforderungen genügen.

5.4.1 Einfache Struktur

Die einfache und dennoch übersichtlich gestaltete Struktur der Benutzeroberfläche ist eine wichtige Voraussetzung für eine gute Bedienbarkeit der Software. Ist der Benutzer in der Lage, einfach und schnell die von ihm gesuchten Funktionen und Informationen zu finden, so wird die Akzeptanz des Programms und die Motivation für die weitere Verwendung der Applikation verstärkt.

5.4.2 Fehlerfreie Darstellung in gängigen Browsern

Die Darstellung einer in HTML codierten Internetseite hängt von der Version des verwendeten Browsers und der Art des Betriebssystems. Trotz der weitgehenden, von der World Wide Web Consortium (W3C)[http://www.w3.org/] durchgeführten, Standardisierung der Auszeichnungsprachen wie HTML oder CSS, führt dies in der Praxis oft zu Browserkompatibilitäten und Darstellungsfehlern, da die Browser der verschiedenen Hersteller die Standards unterschiedlich implementieren.

Die nachfolgende Grafik zeigt die Benutzerstatistiken der Firma Webtrekk[http://www.webtrekk.de/], welche eine Statistik- und Auswertungssoftware vertreibt, die von namenhaften deutschen Unternehmen, wie der Telekom, BILD-Zeitung, Die Zeit, Teufel oder Zalando zur Auswertung der Benutzerzugriffe auf ihren Webseiten verwendet wird. Die dadurch gewonnen Daten werden quartalsweise in einer Übersicht über die aktuell verwendeten Browser und Auflösungen der Benutzer dargestellt

Entwicklung und Implementierung einer webbasierten Software zur Planung und Steuerung von Linkbuilding-Strategien zur Suchmaschinenoptimierung von Internetseiten

Seite 29

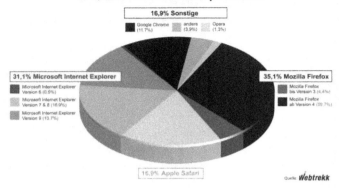

ABB. 14: verwendete Browser

Die Grafik verdeutlicht, dass der Großteil der Internetnutzer den Mozilla Firefox oder den Internet Explorer der Firma Microsoft verwendet. Der Apple Safari sowie Google Chrome und Opera haben dagegen weniger prozentualen Anteil.

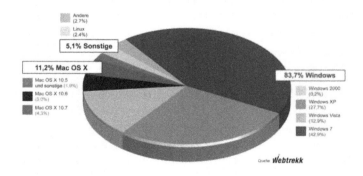

ABB. 15: verwendete Betriebssysteme

Entwicklung und Implementierung einer webbasierten Software zur Planung und Steuerung von Linkbuilding-Strategien zur Suchmaschinenoptimierung von Internetseiten

Seite 30

Aus der zweiten Grafik wird ersichtlich, dass die vorzugsweise verwendeten Betriebssysteme der Nutzer das Mac Os X der Firma Apple und Microsoft Windows sind. Aus diesem Grund wird die Entscheidung getroffen, die Benutzeroberfläche primär für den Mozilla Firefox unter den Betriebssystemen Windows und Macintosh zu optimieren, um eine fehlerfreie Darstellung zu gewährleisten. Der Internet Explorer wird weniger berücksichtigt, da es ich bei den Endanwender der Software um eine kleine Benutzergruppe handelt, welche derzeit mit dem Firefox arbeitet.

5.4.3 Bildschirmauflösung

Aus den oben erwähnten Benutzerstatistiken von Webtrekk lassen sich ebenfalls Rückschlüsse auf die von den Internetnutzern bevorzugten Bildschirmauflösungen ziehen.

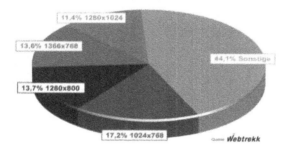

ABB. 16: verwendete Bildschirmauflösungen

Anhand der oberen Grafik wird recht deutlich, dass mehr als die Hälfte aller Internetnutzer eine Bildschirmauflösung von mindestens 1024x768 Pixel verwenden. Dies führt dazu, dass die zu entwickelnde Applikation für diese Auflösungen optimiert wird.

Entwicklung und Implementierung einer webbasierten Software zur Planung und Steuerung von Linkbuilding-Strategien zur Suchmaschinenoptimierung von Internetseiten

Seite 31

5.4.4 Grafikentwurf

ABB. 17: Hauptmenü der Applikation

Um dem Anwender eine übersichtliche und einfache Bedienbarkeit der Applikation zu ermöglichen, besteht das Hauptmenü aus vier Oberpunkten. Somit wird der Benutzer der Software nicht durch viele unnötige und irrelevante Funktionalitäten oder optische Reize verwirrt und kann effektiv auf die Funktionen zugreifen, die er benötigt. Dabei repräsentieren drei der vier Menüpunkte jeweils einen Aufgabenbereich, den die Software abdeckt, sowie einen vierten Punkt, um sich vom System abzumelden.

Die sich hinter den Menüpunkten verbergenden Funktionalitäten, werden hier durch grafische Symbole visualisiert. Diese erleichtern die Orientierung innerhalb der Applikation.

Entwicklung und Implementierung einer webbasierten Software zur Planung und Steuerung von Linkbuilding-Strategien zur Suchmaschinenoptimierung von Internetseiten

Seite 32

zurück zum Dashboard

Logout

Projektübersicht   Informationen   Planung   Linkerfassung   Linkportfolio

+ −

#	Projekt	URL	Ziel	erstellt von	Datum	Linktyp	Ebene	Pagerank	markieren
24	Holz Bloemer	www.m0nkeymedia.de/test.html	www.belvero.de	Dennis	2012-08-07	Artikelverzeichnisse	4	0	
27	Holz Bloemer	www.kirmes-fabian.de	www.stoppelblog.de	Dennis	2012-08-07	Artikelverzeichnisse	4	0	
28	Holz Bloemer	www.frankundfrei.com	www.stoppelblog.de	Dennis	2012-08-07	Artikelverzeichnisse	4	3	
29	Holz Bloemer	www.planethund.de	www.stoppelblog.de	Dennis	2012-08-07	Artikelverzeichnisse	4	0	
30	Holz Bloemer	www.shopjektiv.de	www.guenstige-moebel-blog.de	Dennis	2012-08-07	Artikelverzeichnisse	4	3	
32	Holz Bloemer	www.stoppelblog.de	www.kreatives-wohnforum.de	Dennis	2012-08-07	Foren	3	3	
33	Holz Bloemer	www.belvero.de	www.bomey.de	Dennis	2012-08-07	Foren	3	3	
35	Holz Bloemer	www.jobe.de	www.belvero.de	Dennis	2012-08-07	Blogs	4	6	
38	Holz Bloemer	www.kreatives-wohnforum.de	www.bloemer-online.de	Dennis	2012-08-07	Webmagazine	2	2	
39	Holz Bloemer	www.belvero456789.de	www.bloemer-online.de	Dennis	2012-08-07	Webmagazine	2	0	
40	Holz Bloemer	www.guenstige-moebel-blog.de	www.kirmes-fabian.de	Dennis	2012-08-08	Foren	3	0	

Auswertung starten

ABB. 18: Auszug aus der aktuell eingetragenen Links eines Projektes

Die Struktur ist bewusst klar und einfach strukturiert gehalten. Zu Beginn wird eine tabellarische Übersicht angezeigt, die die entsprechenden Datensätze enthält. Oberhalb der jeweiligen Tabellen befinden sich zusätzlich Schaltflächen, mit deren Hilfe ein neuer Datensatz in die Tabelle eingetragen oder ein ausgewählter Eintrag aus der Tabelle und der Datenbank entfernt werden kann.

Um zwischen den einzelnen Untermenüs zu wechseln, findet der Anwender in der Kopfzeile der Software eine Navigationsstruktur, welche ihm durch Hervorheben des aktuellen Menüpunktes zu jeder Zeit veranschaulicht, in welchem Menü er sich befindet.

Entwicklung und Implementierung einer webbasierten Software zur Planung und Steuerung von Linkbuilding-Strategien zur Suchmaschinenoptimierung von Internetseiten

Seite 33

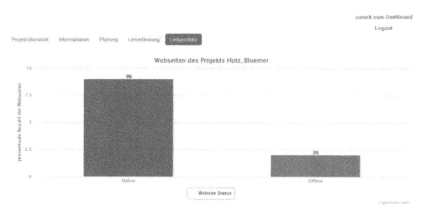

ABB. 19: statistische Auswertung des Status der eingetragenen Links

Um dem Benutzer die Informationen zu den angelegten und geplanten Projekten nicht nur mittels Tabellen zu präsentieren, wird eine grafische Darstellung verwendet. Somit wird der Informationsgehalt auch visuell dargestellt, was die Informationsaufnahme durch den Benutzer vereinfacht.

6 Realisierung

Im Folgenden Abschnitt wird auf die Realisierung Bezug genommen. Dabei wird das allgemeine Vorgehen zur Implementierung der Applikation erläutert und in nachvollziehbaren Schritten verdeutlicht. Darüber hinaus wird auf die, während der Implementierung aufgetreten, Problem eingegangen.

6.1 Allgemeine Beschreibung des Vorgehens

Zu Beginn der Realisierung mussten gewisse Konfigurationen am Framework vorgenommen werden, um es optimal nutzen zu können. Obwohl das gewählte Framework bereits über eine komfortable Methodik verfügt, um mit Datenbanken zu kommunizieren, wurde der Entschluss gefasst, das Basis-Framework zu ein weiteres zu ergänzen. Dieses erleichtert die

Entwicklung und Implementierung einer webbasierten Software zur Planung und Steuerung von Linkbuilding-Strategien zur Suchmaschinenoptimierung von Internetseiten

Seite 34

Kommunikation mit der Datenbank nochmals um ein Vielfaches, da dieses die Objektrelationale Abbildung der Datenbank ermöglicht. Als nächsten Schritt der Implementierung wurden die entsprechenden Tabellen mittels MySQL in die Datenbank eingetragen. Nachdem die Tabellen vorhanden waren, konnte damit begonnen werden diese durch sogenannte Models zu implementieren Somit waren diese Tabellen, dank der Hilfe des zusätzlichen Frameworks, mit Objekte gleichzusetzen, die innerhalb der Programmierstruktur verwendet werden können.. Dies gewährleistet, eine übersichtliche und Objektorientierte Programmstruktur.

Nachdem die Models realisiert wurden, wurde mit der Umsetzung der Controller begonnen. Dabei wurde darauf geachtet, dass für die unterschiedlichen Aufgaben, welche die Applikation realisieren soll, eigene Controller zur Verfügung stehen.

FTP: LinkVulture
/www.linkvulture.de/application

File	Size	Modified	Type	Rights
..				
cache		06.08.201...		drwxr-xr-x
config		06.08.201...		drwxr-xr-x
controllers		10.08.201...		drwxr-xr-x
core		06.08.201...		drwxr-xr-x
errors		06.08.201...		drwxr-xr-x
fixtures		06.08.201...		drwxr-xr-x
helpers		06.08.201...		drwxr-xr-x
hooks		06.08.201...		drwxr-xr-x
language		06.08.201...		drwxr-xr-x
libraries		06.08.201...		drwxr-xr-x
logs		06.08.201...		drwxr-xr-x
models		06.08.201...		drwxr-xr-x
third_party		06.08.201...		drwxr-xr-x
views		09.08.201...		drwxr-xr-x
.htaccess	1259 B	06.08.201...	HTAC...	rw-r--r--
cli-config.php	1866 B	06.08.201...	PHP	rw-r--r--
doctrine.php	3 kB	06.08.201...	PHP	rw-r--r--
index.html	114 B	06.08.201...	HTML	rw-r--r--

ABB. 20: Ordnerstruktur der Applikation

Nachdem die Controller mit ihren Basisfunktionen programmiert wurden, könnte damit begonnen werden die einzelnen Views, also die Oberflächen der Applikation umzusetzen. Dies gestaltete sich anhand des Bootstrap Plugins von Twitter [27]als äußerst intuitiv und elegant. Zu diesem Zeitpunkt waren alle Voraussetzungen geschaffen, um die Funktionalitäten der

Entwicklung und Implementierung einer webbasierten Software zur Planung und Steuerung von Linkbuilding-Strategien zur Suchmaschinenoptimierung von Internetseiten

Seite 35

Software zu implementieren. Hierzu wurden jedem Controller die entsprechenden Methoden hinzugefügt.

```
private function load_from_database()
{
    $theme = array();
    $customer = array();
    $type = array();
    $block = array();
    $data = array();
    $count_l = array();
    $count_w = array();
    // Linkanzahl pro Projekt aus der Datenbank auslesen
    $query = $this->db->get('Project');
    foreach ($query->result('project_mdl') as $row) {
        $this->db->where('idProject', $row->idProject);
        $this->db->from('Link');
        $count_l[$row->idProject] = $this->db->count_all_results();
        $this->db->from('Warnings');
        $count_w[$row->idProject] = $this->db->count_all_results();
        // Blöcke aus der Datenbank auslesen
        $query = $this->db->get_where('Block', array("idProject" => $row->idProject));
        foreach($query->result() as $row_2 ) {
            $block[$row->idProject][$row_2->idBlock]["level"] = $row_2->levelBlock;
            $block[$row->idProject][$row_2->idBlock]["percent"] = $row_2->percentBlock;
            $block[$row->idProject][$row_2->idBlock]["type"] = $this->linktype_mdl->find_type_by_id($row_2->idLinkType);
        }
    }
    // Themen aus der Datenbank auslesen
    $this->db->order_by("nameProjectTheme", "asc");
    $query = $this->db->get('ProjectTheme');
    foreach ($query->result('projecttheme_mdl') as $row) {
        $theme[$row->idProjectTheme] = $row->nameProjectTheme; // call attributes
    }
    // Kunden aus der Datenbank auslesen
    $this->db->order_by("nameCustomer", "asc");
    $query = $this->db->get('Customer');
    foreach ($query->result('customer_mdl') as $row) {
        $customer[$row->idCustomer] = $row->nameCustomer; // call attributes
    }
    // Linktypen aus der Datenbank auslesen
    $this->db->order_by("nameLinkType", "asc");
    $query = $this->db->get('LinkType');
    foreach ($query->result('linktype_mdl') as $row) {
        $type[$row->idLinkType] = $row->nameLinkType; // call attributes
    }

    $data['theme'] = $theme;
    $data['customer'] = $customer;
    $data['type'] = $type;
    $data['count_links'] = $count_l;
    $data['count_warnings'] = $count_w;
    $data['block'] = $block;
    return $data;
}
```

ABB. 21: Methode des Controllers "Project"

Die obere Grafik zeigt einen Ausschnitt des Controllers "Project". Diese Methode dient dazu, projektrelevante Daten bei der Initialisierung des Controllers zu laden. Mit Hilfe von assoziativen Arrays werden die unterschiedlichen Informationen zugeordnet, um für die Weiterverarbeitung korrekt bereitzustehen. Um an die Informationen zu dem Projekt zu kommen, werden jeweils Datenbank Aufrufe gestartet. Anschließend wir nach jedem Datenbankaufruf eine Schleife durchlaufen, bei der jeder Wert dem entsprechenden Array zugeordnet wird. Nach-

Entwicklung und Implementierung einer webbasierten Software zur Planung und Steuerung von Linkbuilding-Strategien zur Suchmaschinenoptimierung von Internetseiten

Seite 36

dem alle nötigen Informationen eingeholt wurden, werden die Arrays schließlich zurückgege-
ben und mittels weiterer Funktionen bearbeitet.

Am Ende der wurde schließlich die einzeln definierten Tests durchgeführt, um zu gewährleisten, dass jede Funktionsmodul, also jeder unabhängiger Funktionsbereich, einwandfrei funktioniert und sich diese Module nicht gegenseitig in irgendeiner Art und Weise blockieren.

Aufgrund der richtigen Wahl des Frameworks und der, für mich strukturierten Projektplanung, während der Anfangsphase der Bachelorarbeit, konnte die Realisierung der Applikation
relativ problemlos durchgeführt werden. Jedoch ergaben sich während der Implementierung
kleinere Unannehmlichkeiten, auf die im Folgenden Abschnitt eingegangen wird.

6.2 Probleme

Neben den Lösungen, der in den vorherigen Kapiteln beschriebenen Anforderungen, mussten
im Laufe des Projekts zusätzliche Maßnahmen zur Lösung von Problemen ergriffen werden,
welche zum Zeitpunkt der Projektplanung noch nicht absehbar waren. Hierbei handelt es sich
hauptsächlich um kleinere Problemstellungen, die sich während der Programmierung ergaben.

Ein Problem während der Realisierung der Applikation war, dass es sich teilweise schwierig
gestaltete Werte von Variablen und den aktuellen Zustand der Applikation, welche im Ba-
ckend des verarbeitet werden, an die Views zu übertragen, ohne das es dabei zu langen War-
tezeiten oder eine Reload der aktuellen Seite kommt. So musste an einigen Codeabschnitten
ein Umweg über selbstdefinierte JavaScript Funktionen in Kauf genommen werden. Bei der
Planung eine Linkpyramide ergab es sich beispielsweise, dass während der, mittels jQuery
realisierten, Drag & Drop Funktion der aktuelle Zustand der Planung zwischengespeichert
werden musste. Andernfalls hätte der Benutzer nach jeder Änderung an der Planung eine ma-
nuelle Speicherung durchführen müssen, was den Komfort der Applikation beeinträchtigt
hätte.

Ein weiteres Problem ergab sich durch die Vielzahl an gespeicherten Werten, auf die die Applikation zugriff hat. Alle vom Benutzer getätigten Eingabe oder Interaktionen mit dem System führen eine Speicherung dieser Daten in die Datenbank mit sich . Das Problem bestand

Entwicklung und Implementierung einer webbasierten Software zur Planung und Steuerung von Linkbuilding-Strategien zur Suchmaschinenoptimierung von Internetseiten

Seite 37

darin, dass die Tabellen in der Datenbank recht viele Beziehungen zueinander besitzen, um jede Information eindeutig einem Projekt, Benutzer oder Kunden zuweisen zu können Um dem Benutzer zu jedem Zeitpunkt einen Überblick über diese Daten zu verschaffen, war es teilweise recht komplex die Informationen in geeignete Datenstrukturen einzulesen und am Ende wieder korrekt an die View auszugeben.

Im Grunde gab es keine weiteren Probleme, welche den Ablauf der Realisierung hätten gefährden können.

Entwicklung und Implementierung einer webbasierten Software zur Planung und Steuerung von Linkbuilding-Strategien zur Suchmaschinenoptimierung von Internetseiten

Seite 38

7 Testen der Software

Nach der Fertigstellung der Implementation muss die Software ausgiebig getestet werden, um ein mögliches Fehlverhalten auszuschließen und neben einem stabilen Arbeiten eine hohe Code-Qualität zu gewährleisten. Daher werden in diesem Abschnitt die einzelnen Testfälle präzise definiert. Anschließend werden diese Testfälle einzeln durchgeführt und anhand der Ergebnisse eine Auswertung vorgenommen.

Testfall Nr. – Titel	
Ausgangssituation	Welche Ausgangssituation bzw. Voraussetzungen müssen vor der Durchführung erfüllt sein?
Testdurchführung	Beschreibung, wie der Test durchgeführt wird.
Testdaten	Welche Testdaten werden benutzt?
Erwartetes Ergebnis	Welches Ergebnis wird bei erfolgreicher Durchführung erwartet?
Anforderung	Welche Anforderung wird durch diesen Testfall geprüft?

TAB. 1: Schablone für einen Testfall

7.1 Testfälle definieren

Testfall T01. – Anmeldung	
Ausgangssituation	Es muss in der Tabelle „User" ein Benutzer vorhanden sein.
Testdurchführung	Der Anwender trägt seinen Benutzernamen und das zugehörige Passwort in die Eingabemaske ein und bestätigt mit einem Klick auf den Button "Anmelden".
Testdaten	Für den Test müssen ein Benutzername und das Passwort be-

Entwicklung und Implementierung einer webbasierten Software zur Planung und Steuerung von Linkbuilding-Strategien zur Suchmaschinenoptimierung von Internetseiten

Seite 39

	kannt sein.
Erwartetes Ergebnis	Bei erfolgreicher Anmeldung im System wird der Benutzer zu der Hauptoberfläche der Software (Dashboard) geleitet.
Anforderung	Es wird geprüft, ob der Anwender sich ordnungsgemäß im System anmelden kann.

TAB. 2: Testfall 1

Testfall T02. – Benutzer anlegen	
Ausgangssituation	Es müssen bereits vordefinierte Benutzerrollen in der Datenbank vorhanden sein. Außerdem muss in der Tabelle „Permission" der Eintrag für den Controller „User" und die Methoden „Index" und „Add_User" vorhanden sein.
Testdurchführung	Der Benutzer navigiert im Dashboard zu dem Punkt „Benutzer". Hier wählt er in der folgenden Ansicht den Button mit dem Pluszeichen oberhalb der angezeigten Tabelle. Nun werden die vorliegenden Formularfelder entsprechend ausgefüllt und mit Hilfe des Buttons „Benutzer hinzufügen" der neue Benutzer angelegt. .
Erwartetes Ergebnis	Bei erfolgreicher Durchführung wird der Benutzer wieder zu der Übersicht der bereits angelegten Benutzer geleitet. In der vorliegenden Tabelle sollte nun der eben angelegte Benutzer aufgeführt sein.
Anforderung	Mit diesem Test wird geprüft, ob der Benutzer in der Lage ist, dem System neue Benutzer hinzuzufügen.

TAB. 3: Testfall 2

Testfall T03. – Rechte anlegen	
Ausgangssituation	Es muss in der Tabelle „Permission" der Eintrag für den Controller „Role" und die Methoden „Index" und „Add_Role" vorhanden sein.

Entwicklung und Implementierung einer webbasierten Software zur Planung und Steuerung von Linkbuilding-Strategien zur Suchmaschinenoptimierung von Internetseiten

Seite 40

Testdurchführung	Der Benutzer navigiert im Dashboard zu dem Punkt „Benutzer". Hier wählt er in der folgenden Ansicht den oberen Menüpunkt „Rechteverwaltung". Ihm liegt nur eine Tabelle vor, in der alle bisher definierten Benutzerrollen mit ihren entsprechenden Zugriffsrechten aufgelistet sind. Mit einem Klick auf das Pluszeichen oberhalb der Tabelle kann nun eine neue Berechtigung eingetragen werden. In den Formularfeldern werden nun der Name des Controllers, der Methode, auf die die jeweilige Benutzergruppe Zugriff haben soll, und eine Beschreibung der Berechtigung eingetragen. Abschließend wird mit Hilfe der Dropdownliste eine Rolle ausgewählt und mit einem Klick auf „Berechtigung hinzufügen" die neue Berechtigung angelegt.
Erwartetes Ergebnis	Bei erfolgreicher Durchführung wird der Benutzer wieder zu der Übersicht der bereits angelegten Rechte geleitet. In der vorliegenden Tabelle sollte nun die kürzlich angelegte Berechtigung korrekt aufgeführt sein.
Anforderung	Mit diesem Test wird überprüft, ob der Anwender in der Lage ist, dem System neue Berechtigungen für die einzelnen Benutzergruppen hinzuzufügen.

TAB. 4: Testfall 3

Testfall T04. – Linktypen anlegen	
Ausgangssituation	Es muss in der Tabelle „Permission" der Eintrag für den Controller „Type" und die Methoden „Index" und „Add_Type" vorhanden sein.
Testdurchführung	Der Benutzer navigiert im Dashboard zu dem Punkt „Projekt". Hier wählt er in der folgenden Ansicht den oberen Menüpunkt „Linktypen". Ihm liegt nur eine Tabelle vor, in der alle bisher definierten Linktypen eingetragen sind. Mit einem Klick auf das Pluszeichen oberhalb der Tabelle kann nun ein neuer Linktyp eingetragen werden. Im vorliegenden Formular wird schließlich die Bezeichnung des neuen Linktyps eingetragen. Abschließend

Entwicklung und Implementierung einer webbasierten Software zur Planung und Steuerung von Linkbuilding-Strategien zur Suchmaschinenoptimierung von Internetseiten

Seite 41

	wird mit einem Klick auf „Linktyp hinzufügen" der neue Typ angelegt.
Erwartetes Ergebnis	Bei erfolgreicher Durchführung wird der Benutzer wieder zu der Übersicht der bereits angelegten Linktypen geleitet. In der vorliegenden Tabelle sollte nun der kürzlich angelegte Typ korrekt aufgeführt sein.
Anforderung	Es wird getestet, ob der Anwender dem System einen neuen Linktypen hinzufügen kann.

TAB. 5: Testfall 4

Testfall T05. – Kunden löschen	
Ausgangssituation	Es muss in der Tabelle „Permission" der Eintrag für den Controller „Customer" und die Methoden „Index" und „Delete_Customer" vorhanden sein.
Testdurchführung	Der Benutzer navigiert im Dashboard zu dem Punkt „Kunden". Ihm liegt nun eine Tabelle vor, in der alle bisher eingetragenen Linktypen aufgelistet sind. Mit einem Klick auf den Radiobutton am Ende der entsprechenden Zeile, wird der zu löschende Kunde ausgewählt. Durch das Klicken auf das Minuszeichen oberhalb der Tabelle wird nun ein Dialog geöffnet, der nach der Bestätigung des Löschvorgangs fragt. Nachdem der Dialog bestätigt wurde, wird der ausgewählte Kunde aus der Datenbank entfernt und steht dem System nicht mehr zu Verfügung.
Erwartetes Ergebnis	Bei erfolgreicher Durchführung wird der Benutzer wieder zu der Übersicht der bereits angelegten Kunden geleitet. In der vorliegenden Tabelle wird der kürzlich entfernte Kunde nicht mehr mit aufgeführt.
Anforderung	Es wird geprüft, ob der angemeldete Benutzer bereits vorhandene Kunden aus dem System entfernen kann.

TAB. 6: Testfall 5

Entwicklung und Implementierung einer webbasierten Software zur Planung und Steuerung von Linkbuilding-Strategien zur Suchmaschinenoptimierung von Internetseiten

Seite 42

Testfall T06. – Link anlegen	
Ausgangssituation	Es muss in der Tabelle „Permission" der Eintrag für den Controller „Link" und die Methoden „Index" und „Add_Link" vorhanden sein. Des Weiteren müssen bereits Einträge in den Tabellen "Project" und "LinkType" vorhanden sein.
Testdurchführung	Der Benutzer navigiert im Dashboard zu dem Punkt „Projekt". Auf der nur angezeigten Seite ist eine Tabelle mit alle bereits angelegten Projekten zu sehen. Mit einem Klick auf den Radiobutton am Ende der entsprechenden Zeile, kann das Projekt ausgewählt werden. Unterhalb der Tabelle befindet sich ein Button mit der Aufschrift "Projekt Planen". Nach einem Klick auf diesen, gelangt man zur Projektinformationsseite. Oberhalb der angezeigten Tabelle wählt man den Punkt "Linkerfassung". Ihm liegt nun eine Tabelle vor, in der alle bisher eingetragenen Links zu dem entsprechenden Projekt aufgelistet sind. Mit dem Plusbutton oberhalb der Tabelle gelangt man zur Eingabemaske. Nach dem Eintragen der Daten wird auf den Button "Link hinzufügen" geklickt und der Link in die Datenbank eingetragen
Erwartetes Ergebnis	Bei erfolgreicher Durchführung wird der Benutzer zur Übersicht über alle Links zum gewählten Projekt geleitet. In der vorliegenden Tabelle sollte nun unter anderem der angelegte Link aufgelistet sein.
Anforderung	Es wird geprüft, ob der Benutzer in der Lage ist, einem in dem System hinterlegten Projekt, einen Link hinzuzufügen.

TAB. 7: Testfall 6

Entwicklung und Implementierung einer webbasierten Software zur Planung und Steuerung von Linkbuilding-Strategien zur Suchmaschinenoptimierung von Internetseiten

Seite 43

7.2 Testdurchführung

Für die Durchführung der einzelnen Tests, werden die vorher definierten Testfälle den Mitarbeitern der FRANK+FREI Agentur für Marketing & Werbung GmbH vorgelegt.

7.3 Ergebnisse

Die Ergebnisse der Tests zeigen, dass die geplante Funktionalität der Software gewährleistet ist. Es gibt somit keine schwerwiegenden Fehler, welche die Funktionsweise des Systems beeinträchtigen und das Arbeiten mit dieser erschweren. Daher werden alle Tests als erfolgreich bewertet.

Entwicklung und Implementierung einer webbasierten Software zur Planung und Steuerung von Linkbuilding-Strategien zur Suchmaschinenoptimierung von Internetseiten

Seite 44

8 Schlussbetrachtung

In dem letzten Kapitel wird über die erreichten Ergebnisse reflektiert und zu den, zu Beginn genannten Zielen und der Aufgabenstellung Bezug genommen. Hierzu erfolgt zunächst eine Zusammenfassung der Arbeit mit den hauptsächlichen Aspekten. Zum Abschluss der Arbeit wird der Ausblick auf mögliche Erweiterungen der Arbeit, die Aufgrund der aufgetretenen Probleme und des hohe Detaillierungsgrades nicht realisiert werden konnte, vorgelegt,

8.1 Zusammenfassung

Die vorliegende Bachelorarbeit befasst sich mit der Entwicklung und Implementierung einer webbasierten Software zur Planung und Steuerung von Linkbuilding-Strategien zur Suchmaschinenoptimierung von Internetseiten. Die Software soll dabei leicht zu bedienen sein und konstruktive Ergebnisse liefern können. Am Anfang der Arbeit wurde eine Einführung in die heutige Nutzung des Internets gegeben. Zusätzlich dazu wurde speziell auf die Suchmaschine der Google Inc. und deren Arbeitsweise zur Bewertung von Webseiten und deren Indexierung in den Google Suchergebnissen eingegangen. Im weiteren Verlauf der Arbeit wurden die Grundlagen der Suchmaschinenoptimierung erläutert. Dabei wurde Bezug auf einen Teil der verschiedenen Maßnahmen zur Durchführung von SEO genommen. Weiterhin wurden Risiken im Zusammenhang mit dem Ranking von Internetseite innerhalb der Suchergebnisse aufgeführt. Nach den Grundlagen wurde die Anforderungsanalyse durchgeführt. Hier wurde der IST-Zustand verdeutlicht. Das Ergebnis der Analyse wurde als Grundlage für die Entscheidung der nachfolgend bearbeiteten Konzeption der Applikation verwendet. Daraus ergaben sich einige Anwendungsfälle des Systems, welche exemplarisch durch Use-Case Diagramme dargestellt wurden. Weiterhin wurden hier Funktionen definiert. In der anschließenden technischen Softwareplanung wurde ein Entwurf der Benutzeroberfläche vorgestellt. Hierbei wurde exemplarisch ein Klassendiagramm aufgeführt, welche die inneren Strukturen widerspiegelt. Durch das Sequenzdiagramm wurde eine funktionaler Ablauf des Systems erläutert. Um sich einen Überblick über die bestehende Datenbank verschaffen zu können, wurde abschließend ein EER-Diagramm eingefügt. Nach der Planung der Applikation wird schließlich auf die Realisierung eingegangen. Hierbei wurde das allgemeine Vorgehen während der Realisierung und die daraus entstandenen Probleme erläutert. Schlussendlich wurden die Testfälle definiert und deren Ergebnisse ausgewertet.

Entwicklung und Implementierung einer webbasierten Software zur Planung und Steuerung von Linkbuilding-Strategien zur Suchmaschinenoptimierung von Internetseiten

Seite 45

8.2 Ausblick

Im Laufe der Bachelorarbeit habe ich viele Erfahrungen sammeln können. Neben Verfassen eines wissenschaftlichen Textes, wurde ich ebenfalls mit der Konzeption und Realisierung einer kompletten Applikation konfrontiert. Weiterhin habe ich mich intensiv in das Thema der Suchmaschinenoptimierung und der Funktionsweise von Suchmaschinen einarbeiten können. Da es sich bei dem Thema SEO um ein weites Feld handelt und aufgrund des zeitlichen Rahmens dieser Arbeit konnte lediglich eine Basisversion der geplanten Applikation entwickelt werden. Jedoch gibt es noch eine Vielzahl an Ideen und Erweiterungen, die in naher Zukunft realisiert werden sollen. So sollte ursprünglich eine Methode entwickelt werden, mit deren Hilfe es möglich ist, eventuelle Muster zwischen Webseiten zu erfassen und so ggf. Maßnahmen zu ergreifen, bevor Google diese Muster erkennt und die Seite abstraft.

Entwicklung und Implementierung einer webbasierten Software zur Planung und Steuerung von Linkbuilding-Strategien zur Suchmaschinenoptimierung von Internetseiten

Seite 46

9 Referenzen

[1]. [Online] o.J. [Cited: Juni 16, 2012] http://www.pingdom.com

[2]. **Andreas Floemer**, Internet 2011 in Zahlen plus Ausblick 2012, [Online] Januar 18, 2012, [Cited: Juni 16, 2012] http://t3n.de/news/internet-2011-zahlen-ausblick-359909

[3]. **Birgit van Eimeren/Beate Frees**, o.J. [Online] Juli, 2011 [Cited: Juni 17, 2012] http://www.ard-zdf-onlinestudie.de/fileadmin/Online11/EimerenFrees.pdf, S.340

[4]. **Google Inc.**, o.J. [Online] o.J. [Cited: Juni 17, 2012] http://www.google.de/intl/de/about/company/history/

[5]. **Dr. Holger Schmidt**, Googles Marktanteil steigt auf 96 Prozent in Deutschland, [Online] März 12, 2012 [Cited: Juli 17, 2012] http://www.focus.de/digital/internet/netzoekonomie-blog/suchmaschinen-googles-marktanteil-steigt-auf-96-prozent-in-deutschland_aid_723240.html

[6]. **Olaf Kopp**, Neues Google Such Algorithmus Update betrifft 3% der deutschen Suchanfragen, [Online] April 25, 2012 [Cited: Juni 19, 2012] http://www.sem-deutschland.de/seo-tipps/neues-google-such-algorithmus-update-betrifft-3-der-deutschen-suchanfragen/

[7]. **Matt Cutts**, Google does not use the keywords meta tag in web ranking [Online] September 21, 2009 [Cited: Juni 20, 2012] http://googlewebmastercentral.blogspot.de/2009/09/google-does-not-use-keywords-meta-tag.html

[8]. **Google Inc.**, Meta-Tags [Online] o.J. [Cited: Juni 21, 2012] http://support.google.com/webmasters/bin/answer.py?hl=de&answer=79812

[9]. **Frank Mey**, PageRank-Sculpting mit nofollow & Linkjuice - neueste Erkenntnisse [Online] Juni 30, 2009 [Cited: Juni 21, 2012] http://www.drweb.de/magazin/pagerank-sculpting-mit-nofollow-linkjuice-neueste-erkenntnisse

[10]. **Mario Fischer**, Das Penguin Update von Google, der "SEO-Filter" [Online] Mai 02, 2012 [Cited: Juni 21, 2012] http://www.website-boosting.de/blog/2012-05-02/penguin-update-google-seo-filter.html

[11]. **SEO-united.de**, Offpage Optimierung - Linkbewertung [Online] o.J. [Cited: Juni 22, 2012] http://www.seo-united.de/offpage-optimierung/

[12]. **SEO-united.de**, Offpage Optimierung - Linktext [Online] o.J. [Cited: Juni 22, 2012] http://www.seo-united.de/offpage-optimierung/linktext.html

[13]. **Dr. Peter Erdmeier**, Footer Links [Online] o.J. [Cited: Juni 22, 2012]

http://www.lexikon-suchmaschinenoptimierung.de/footer-links.htm

[14]. **SEO-united.de**, Google - PageRank Algorithmus [Online] o.J. [Cited: Juni 22, 2012] http://www.seo-united.de/google/pagerank-algorithmus.html

[15]. **Markus Hövener**, Linkaufbau in der Praxis, Ausgabe 34 Seite 16, Februar, 2012

[16]. **SEO-united.de**, Google - PageRank Vor- und Nachteile [Online] o.J. [Cited: Juni 24, 2012] http://www.seo-united.de/google/pagerank-vorteile-nachteile.html

Entwicklung und Implementierung einer webbasierten Software zur Planung und Steuerung von Linkbuilding-Strategien zur Suchmaschinenoptimierung von Internetseiten

Seite 47

[17]. **SEO-united.de**, Onpage Optimierung - Standarddomain [Online] o.J. [Cited: Juni 24, 2012] http://www.seo-united.de/onpage-optimierung/standarddomain.html

[18]. **Kai Spriestersbach**, Linkbuilding Quo Vadis? Nachhaltiger Linkaufbau für erfolgreiche Unternehmen [Online] o.J. [Cited: Juni 25, 2012] http://www.suchradar.de/magazin/archiv/2010/4-2010/linkaufbau-quo-vadis.php

[19]. **Nicolai Kuban**, 1x1 des Linkaufbaus, o.J.

[20]. dmoz,[Online] 1999 [Cited: Juli 03, 2012] http://dmoz.de/

[21]. **Stephan Dörner**, Das Geschäft mit dem Link-Kauf [Online] Feburar 02, 2011. [Cited: Juni 21, 2012] http://www.handelsblatt.com/technologie/it-tk/it-internet/google-manipulation-das-geschaeft-mit-dem-link-kauf/3821932.html

[22]. **Opensite Explorer**, [Online] o.J. [Cited: Juni 21, 2012] http://www.opensiteexplorer.org

[23]. **Doctrine**, Doctrine 2 ORM 2.2 documentation [Online] o.J. [Cited: Juli 11, 2012] http://docs.doctrine-project.org/en/latest/reference/basic-mapping.html

[24]. **jQuery**, [Online] o.J. [Cited: Juli 11, 2012] http://jquery.com/

[25]. **jQuery**, Documentation [Online] o.J. [Cited: Juli 11, 2012] http://docs.jquery.com/How_jQuery_Works

[26]. **jQuery**, Documentation [Online] o.J. [Cited: August 14, 2012] http://docs.jquery.com/How_jQuery_Works

[27]. **Bootstrap**, [Online] o.J. [Cited: Juli 11, 2012] http://twitter.github.com/bootstrap/

[28].**Webtrekk**, [Online] Quartal 2, 2012. [Cited: August 15, 2012]
      http://www.frische-fische.de/img/upload/webtrekk_desktop_browser.jpg

[29]. **Webtrekk**, [Online] Quartal 2, 2012. [Cited: August 15, 2012]
      http://www.frische-fische.de/img/upload/webtrekk_betriebssysteme.jpg

[30]. **Webtrekk**, [Online] Quartal 2, 2012. [Cited: August 15, 2012]   http://www.frische-fische.de/img/upload/webtrekk_bildschirmauflsungen.jpg

[31]. **Page, Lawrence and Brin, Sergey and Motwani, Rajeev and Winograd, Terry** (1999) *The* PageRank Citation Ranking: Bringing Order to the Web. Technical Report. Stanford InfoLab, Dezember 28, 2008

[32]. **Hinnenkamp Dennis,** Projektbericht - Erstellung von Blogsystemen unter dem Aspekt des gezielten Linkaufbaus, sowie die Implementierung von Plug-Ins für bestehende Shopsysteme, s.n, 2012

Entwicklung und Implementierung einer webbasierten Software zur Planung und Steuerung von Linkbuilding-Strategien zur Suchmaschinenoptimierung von Internetseiten

Seite 48